COLLEGE, MODE D'EMPLOI

Dans la même collection :

On n'est plus des bébés
Réveillez-vous les mecs !
Des mots pour dire...
Génération ordinateur
Pas si facile d'aimer...
Nous on n'aime pas lire...
Ado Blues...
C'est pas facile de grandir !
Pourquoi tant d'injustice ?
Les années lycée...
L'amitié, c'est sacré !
Nous les filles...
C'est quoi le spiritisme ?

Connectez-vous sur:
www.lamartiniere.fr

COLLEGE, MODE D'EMPLOI

MICHAËLA BOBASCH
ILLUSTRÉ PAR EMMANUELLE BERTHET

De La Martinière
Jeunesse

S O M M A I R E

COLLÈGE : LE GRAND CHAMBARDEMENT

Une nouvelle vie 10
Plus d'indépendance 11
Un rythme rapide 12
Plusieurs profs 14
Le prof principal 15
Un univers impitoyable? 16
Ceux qui peuvent vous aider . . . 17
Les conseils de classe 18
Des lieux nouveaux 20
Des activités extrascolaires 21
De nouvelles responsabilités . . . 22
Devenir délégué 23
Des stages pour se former 24

S'ORIENTER, C'EST CHOISIR

Premières décisions 28
« Élaborer une stratégie » 29
Anglais ou allemand?. 30
Du latin en cinquième? 32
Une deuxième langue en quatrième 33
Partez à la chasse aux infos!. . . . 34
Redoubler? 36
Reculer pour mieux sauter 38
Quatrième générale ou techno? . 40
Quatrième d'aide et de soutien? 41
Quelques exemples 42
Le bon choix après la troisième 44
Quelles options choisir pour la seconde? 46
Bac général ou technologique? 47
Des bacs très spécialisés 48
L'orientation par l'échec? 50
Devenir « pro » 52
Quel lycée? 54

SE PROJETER DANS L'AVENIR

Choisir, pourquoi? **58**
L'école, ce n'est pas tout... . . . . **59**
Attention, harcèlement! **60**
Le droit à l'erreur **61**
Dialoguer **63**
Ne pas se braquer **64**

EXPLORER LES MÉTIERS

Métiers connus
ou méconnus **68**
Faire preuve
de curiosité **70**
Métiers nuls? **71**
Stéréotypes **72**
Oser s'informer **73**
Connais-toi toi-même **76**
Transformer ses défauts
en qualités **77**
Les stages **78**
Les salons **79**
Un métier pour s'épanouir? **81**
Métiers et passion **82**
Penser aux débouchés **84**
Faire un bilan **85**

LES OUTILS DE L'ORIENTATION

Chercher l'info **88**
Un diagnostic... . . . . **89**
...et un pronostic **90**
Conseiller
d'orientation débordé? **92**
Avoir un itinéraire de rechange . **93**
Tout peut évoluer **94**
L'angoisse des parents **95**
Votre marge
de manœuvre **96**
Le CDI **97**
Et les autres... . . . . **98**
Annexes **100**
Bibliographie **102**

IL Y A DES CHOIX PLUS DIFFICILES QUE D'AUTRES PARCE QU'ILS ENGAGENT L'AVENIR.

C'est le cas pour ce qu'il est convenu d'appeler l'« orientation ». On peut la définir, de manière imagée, comme l'ensemble des aiguillages qui vont faire parvenir le train de vos études à destination. Les itinéraires sont multiples et les parcours divers : certains emprunteront le TGV, d'autres des tortillards.

Peu importe : l'essentiel est d'arriver sinon là où vous souhaitez aller, du moins là où vous réussirez le mieux. De nombreuses personnes s'en mêleront : vos parents, vos frères et sœurs, vos amis, vos professeurs, les conseillers d'orientation, les chefs d'établissement... Leurs avis vont peser lourd, mais ne leur abandonnez pas les commandes. Et si vous êtes pris de vertige à l'idée de devoir décider de votre avenir, ne vous inquiétez pas... C'est une réaction très naturelle que vous apprendrez à surmonter. Ce livre n'a d'autre but que de vous y aider.

COLLÈGE : LE GRA

PLUS D'INDÉPENDANCE

LES CONSEILS DE CLASSE

DES LIEUX NOUVEAUX...

ND CHAMBARDEMENT

UNE NOUVELLE VIE

LUSIEURS PROFS

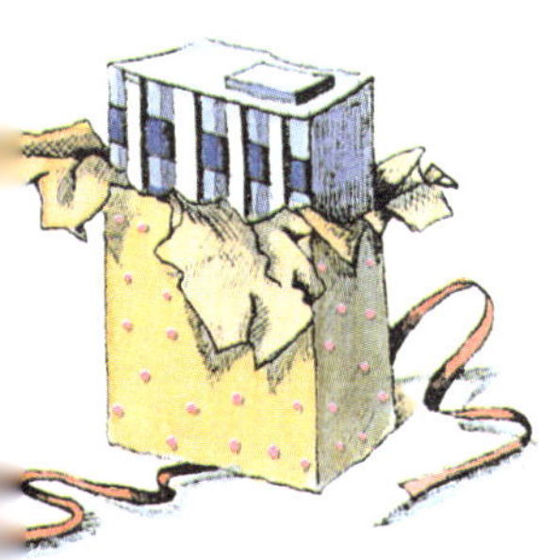

... ET DE NOUVELLES RESPONSABILITÉS !

UNE NOUVELLE VIE

Dans la vie, on fait des choix tous les jours : pour s'habiller, regarder la télévision, aller au cinéma, s'acheter des disques ou partir en vacances. Au collège, c'est autre chose! On ne choisit ni les murs, ni les profs, ni le programme, ni l'emploi du temps, ni les livres. Entrer au collège, c'est perdre une part de sa liberté d'enfant, contre la promesse d'une lointaine liberté d'adulte. Quel choc!

À l'école, tout se passait dans une ambiance chaleureuse entre les parents, les instituteurs, les copains ou les copines qu'on connaissait bien. Au collège, c'est l'anonymat, des locaux plus vastes, un principal, un conseiller d'éducation, des surveillants, des profs plus nombreux, et des élèves qui changent d'une année sur l'autre. Rassurez-vous, on s'y habitue vite. Et puis, fort heureusement, la plupart des collèges français gardent des dimensions humaines, si bien qu'on finit par s'y sentir aussi à l'aise qu'à l'école.

PLUS D'INDÉPENDANCE

« Le premier jour, j'ai apporté tous mes livres et tous mes cahiers. Tu parles ! Un cahier de textes, quelques feuilles et des stylos auraient suffi », se rappelle Thomas, élève de sixième. Au collège, on apprend à s'organiser, à n'apporter en classe que ce qui est nécessaire pour les matières de la journée. Inutile d'apporter équerre et compas si vous n'avez pas cours de maths. Pour cela, le cahier de textes est l'outil indispensable, car il contient l'emploi du temps, les devoirs donnés par les profs, ainsi que les dates des contrôles. C'est la principale différence avec l'école, où l'instituteur s'occupait de tout.

Au collège, l'emploi du temps est fixé pour toute l'année. Sauf exception, lorsque les profs constituent des demi-groupes pour certaines activités, ou des groupes de soutien pour aider ceux qui sont un peu à la traîne. Il y a aussi un prof pour chaque matière. « C'est plus rigoureux », estime Thomas. À l'école, on avait l'impression que l'organisation de la journée était soumise à la fantaisie de la maîtresse. Comme elle n'aimait pas beaucoup les sciences, on a surtout fait du français et de l'histoire, alors qu'au collège, il y a un temps pour chaque matière. »

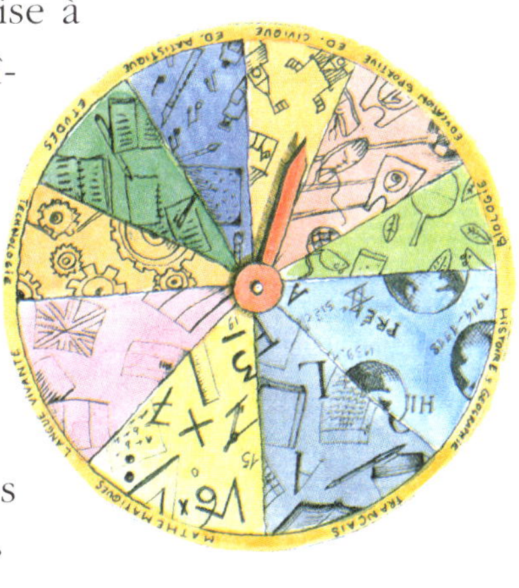

UN RYTHME RAPIDE

Autre grand changement : les locaux. Le collège est plus vaste que l'école. Il faut apprendre à se repérer. Certains professeurs principaux proposent à leurs classes de sixième des « jeux de piste » : après avoir visité l'établissement, ils doivent indiquer sur le plan l'itinéraire pour se rendre au gymnase, à la cantine ou au Centre de documentation et d'information (CDI). À l'école, chaque classe a sa salle. Au collège, ce sont les élèves qui se déplacent. « Dès que la cloche sonne, il faut écrire à toute allure les consignes du professeur sur le cahier de textes et ranger ses affaires, constate Florian. Il m'est arrivé de noter un devoir pour le lendemain, alors qu'il était pour la semaine suivante. » Pour éviter les erreurs, Stéphanie donne quelques conseils : « Bien écouter, écrire le plus lisiblement possible et, en cas de doute, téléphoner à quelqu'un de la classe pour vérifier qu'on ne s'est pas trompé. »

10
DEDANS
DEHORS
6
8
SORTIE
GYMNASE
2
5
1
SALLE
PROF
WC
PRINCIPAL
7
CANTINE
SALLE 1

PLUSIEURS PROFS

Il faut, par ailleurs, s'habituer à voir plusieurs enseignants se succéder. Généralement, on passe plus de temps avec certains profs qu'avec d'autres. Soit parce qu'ils enseignent plusieurs matières, soit parce qu'on attribue des horaires plus importants à certaines matières qu'à d'autres (vous ferez plus de maths que de dessin, par exemple). Vous devez donc parfois assister à deux heures de cours d'affilée. « En français, c'est pénible : la prof sait qu'elle a le temps, alors elle a tendance à s'étaler, à répéter plusieurs fois la même chose », constate Stéphanie.

« L'avantage quand on a plusieurs profs, c'est qu'au moins, si l'un d'entre eux est de mauvaise humeur, on n'a pas à le supporter toute la journée, comme le maître », remarque Thomas. Florian n'est pas de cet avis : « Oui, mais l'inconvénient, c'est que les profs connaissent moins bien les élèves que l'instituteur. »

Avoir plusieurs profs signifie aussi qu'on doit s'adapter à des tempéraments différents. Chaque enseignant a ses petites manies : certains vont vite, d'autres lentement, d'autres encore interrogent systématiquement ceux qui ne lèvent pas le doigt. Il va donc falloir apprendre à vous adapter!

LE PROF PRINCIPAL

Parmi tous vos profs, il y a le prof principal, qui est responsable de votre classe. Si vous ne vous entendez pas avec un enseignant parce qu'il est trop sévère ou donne trop de travail, c'est lui qui essaiera d'arranger les choses avec son collègue. Son rôle est d'arrondir les angles. Si vos résultats baissent ou si vous faites l'école buissonnière, c'est aussi à lui de rencontrer vos parents. En troisième, il vous aidera à choisir votre orientation. Certains profs principaux adorent ce rôle et ont d'excellents contacts avec les élèves. D'autres, qui n'étaient pas volontaires mais sont devenus profs principaux faute de candidats, se contenteront de faire le minimum. Si vous n'avez pas confiance en votre prof principal, vous pouvez essayer de vous adresser à un autre enseignant, plus accessible.

UN UNIVERS IMPITOYABLE ?

Au collège, les plus petits se font parfois agresser ou racketter par les plus grands. Si cela vous arrive (par exemple, si on vous demande votre trousse, votre blouson tout neuf, ou bien de l'argent, sous peine de vous casser la figure), il ne faut pas hésiter à en parler, non seulement à vos parents, mais aussi au conseiller principal d'éducation, qui est chargé de faire respecter la discipline. Bien sûr, vous aurez peur qu'on vous considère comme une « poule mouillée » ou un « cafteur » et vous craindrez les représailles. Mais dites-vous bien que c'est le seul moyen d'enrayer le cercle vicieux, de se faire respecter et d'éviter la même mésaventure à d'autres. Sinon, les racketteurs se croiront tout permis.

CEUX QUI PEUVENT VOUS AIDER

Le conseiller d'éducation, terreur des bagarreurs, des chahuteurs et des retardataires, peut aussi être sympa et protéger les plus petits. Le directeur du collège s'appelle le principal. Dans les petits collèges, il est le seul patron. Dans les grands (plus de quatre cents élèves), il est aidé d'un adjoint. Il y a des principaux que l'on ne voit jamais, car ils restent dans leur bureau et ne convoquent les élèves que s'ils ont fait de grosses bêtises. Mais il y a aussi des principaux qu'on voit partout. Ils circulent dans le collège et surveillent la sortie. Enfin, le principal préside généralement les conseils de classe, mais il passe parfois le relais à son adjoint ou au professeur principal.

L'assistante sociale est une des figures importantes du collège. Elle s'occupe notamment des problèmes de bourse ou d'aide du fonds social collégien. Grâce à ce fonds, les élèves dont les parents ont des difficultés financières peuvent se faire payer des manuels scolaires ou une partie des tickets de cantine du trimestre. Il y a enfin le conseiller d'orientation. Il vient dans les classes de cinquième et de troisième donner des informations sur l'orientation et les options que l'on peut choisir. On peut aussi prendre rendez-vous pour lui poser des questions plus personnelles. Par exemple, lui demander s'il vaut mieux faire du latin en cinquième, quelle langue vivante choisir en quatrième, ou des conseils sur l'orientation à prendre en fin de troisième.

LES CONSEILS DE CLASSE

Il y en a un par trimestre. Tous les profs y assistent, ainsi que les représentants des parents d'élèves, les délégués que vous avez élus parmi les élèves de votre classe, le conseiller d'orientation et parfois l'assistante sociale. C'est le principal (ou son adjoint ou le prof principal) qui préside. Les profs se réunissent avant le conseil et donnent leur opinion sur la classe : ce peut être une classe studieuse, une classe qui ne participe pas assez, ou bien une classe chahuteuse... Au conseil, le professeur principal résume l'avis des profs. On fait ensuite un tour de table pour passer en revue le cas de chaque élève : ses notes, les appréciations, les reproches ou, au contraire, les félicitations.

Le dernier conseil, celui du troisième trimestre, est le plus important, car c'est là que l'on vous donnera l'autorisation de passer dans la classe supérieure, ou que l'on vous conseillera le redoublement. Vous pouvez éviter les mauvaises surprises en tenant compte des recommandations des deux premiers conseils de classe.

Par exemple, si vos résultats sont un peu justes, allez voir le prof principal pour savoir comment vous y prendre pour progresser. Le conseil de classe du deuxième trimestre est celui où les profs tirent la sonnette d'alarme. C'est aussi le moment où vous pouvez encore donner un coup de collier pour redresser la situation.

DES LIEUX NOUVEAUX

Lorsqu'on est en retard, qu'on veut des tickets de cantine ou une autorisation de sortie du collège, il faut passer par le bureau des surveillants. Certains élèves y vont à contrecœur, car ils craignent des réflexions sur leur comportement. D'autres, au contraire, trouvent que c'est un endroit sympa, surtout si les surveillants sont gentils. La plupart du temps, ce sont des étudiants de fac. Vous pouvez donc discuter avec eux et utiliser leur expérience pour faire vos propres choix...

Autre nouveauté du collège : le CDI (Centre de documentation et d'information). Il est souvent ouvert toute la journée, y compris à l'heure du déjeuner. Vous pouvez y consulter librement livres, journaux et dictionnaires et demander au documentaliste de vous aider à trouver des éléments pour un exposé ou pour faire vos devoirs. Dans certains CDI, on trouve même des ordinateurs et des logiciels pour s'entraîner à la lecture et améliorer son orthographe. On peut y aller après la cantine ou lorsqu'on a un « trou » dans son emploi du temps. Le « trou » est, en effet, une des spécialités du collège, parce qu'il n'est pas facile de faire coïncider l'emploi du temps des élèves avec celui des professeurs. Lorsqu'on a une heure creuse entre deux cours, on est obligé d'aller en permanence, une salle où l'on fait ses devoirs sous la surveillance d'un « pion ». Le CDI, s'il est ouvert, peut être une alternative plus agréable...

DES ACTIVITÉS EXTRASCOLAIRES

Au collège, toutes sortes d'activités sont proposées aux élèves : du sport, mais également du théâtre, du grec, de l'informatique..., grâce à des clubs animés par des professeurs volontaires. « L'an dernier, les participants au club de grec ont organisé un voyage à Athènes avec la prof pendant les vacances de Pâques », raconte Sophie. Samir participe à la rédaction du journal du collège. Le « club journal », animé par un prof d'histoire, regroupe deux fois par semaine à 13 heures des élèves de la sixième à la troisième. Certains y tiennent une rubrique régulière : rébus, mots croisés, sport, sciences, critiques de films. D'autres proposent des poèmes, réalisent des bandes dessinées, ou font des enquêtes sur la vie du collège. L'an dernier, ils sont allés interviewer le nouveau principal. Cette année, ils ont participé au concours « Journalistes en herbe » lancé par un quotidien régional et réalisé une page d'enquêtes et de reportages sur le thème de l'environnement.

DE NOUVELLES RESPONSABILITÉS

On peut aussi prendre part à la vie de l'établissement en devenant délégué (il y en a deux par classe). « Le rôle du délégué de classe ne se réduit pas à porter le cahier de textes. Il est l'intermédiaire entre ses camarades et les professeurs, l'administration du collège et les parents », explique un principal. Chaque trimestre, les délégués sont censés faire le point avec l'ensemble de la classe sur ce qui ne va pas sur le plan collectif et individuel (problèmes relationnels, familiaux, médicaux...). Ils doivent donc s'informer en rencon-

trant chaque élève. Ensuite, il faut faire preuve de diplomatie, aller trouver le professeur principal pour lui demander d'intervenir avant le conseil de classe, surtout s'il s'agit d'une question délicate : par exemple, un professeur qui donne trop de devoirs ou la classe qui ne s'entend pas avec un enseignant. Les délégués font aussi le lien avec les parents délégués au conseil de classe. Ils ont intérêt à les tenir au courant des problèmes, car les parents ont plus de poids qu'eux au sein des conseils, notamment lorsqu'ils défendent des élèves.

DEVENIR DÉLÉGUÉ

Celui qui souhaite devenir délégué ne se rend pas toujours compte de la difficulté du rôle qu'il aura à remplir. « On élit les délégués de classe un mois après la rentrée; on ne se connaît pas encore très bien, surtout en sixième. C'est difficile de choisir », constate Audrey. Certains professeurs principaux organisent une mini-campagne électorale où chaque candidat expose son programme. Mais ce n'est pas toujours le cas, c'est pourquoi nombre de délégués de classe sont des redoublants ou des « leaders »

qui ont su s'imposer aux autres dès le début. « Nos délégués sont des "crèmes", alors ils ne sont pas très bien vus des profs », regrette Caroline, élève de cinquième. Gaétan n'est pas d'accord : « Pour être délégué, il faut être un peu "caïd", savoir défendre les autres, et se faire respecter. » « Le plus difficile, c'est d'inspirer confiance, ajoute Camille, déléguée en classe de quatrième. Certains élèves ne veulent pas trop me parler de leurs problèmes familiaux. » « Le bon délégué, ce n'est pas nécessairement le premier de la classe, c'est plutôt le gars cool qui a des amis partout et qui connaît tout le monde », conclut Gaétan.

DES STAGES POUR SE FORMER

Certains établissements organisent des stages de formation pour les nouveaux délégués. Ces stages sont animés par le conseiller d'éducation, par des professeurs qui s'intéressent aux jeunes et à la vie scolaire, et parfois par le principal du collège. « Les animateurs nous ont proposé des jeux de rôles : il fallait écouter l'autre jusqu'au bout, sans réagir et sans s'énerver », se souvient Julie. « Il y avait aussi des exercices pour s'entraîner à mémoriser une phrase et la redire sans la déformer », ajoute Coralie. En effet, pendant le conseil de classe, le délégué doit être capable de noter objectivement ce qui s'y dit tout en faisant preuve de diplomatie. Il doit aussi plai-

der la cause de tous les élèves, sans se laisser emporter par ses propres sentiments. Même s'il n'aime pas quelqu'un, il a le devoir de le défendre. Il lui faut enfin savoir demander et obtenir la parole, et présenter ses arguments de façon claire et concise pour exprimer l'opinion de la classe.

« Je suis venue avec l'idée de m'amuser, mais je me suis rendu compte qu'être délégué c'était une grande responsabilité », dit Isabelle. Quant à Élise, le stage lui a donné une idée : « Je distribue des petits bulletins que chacun remplit. Ensuite, je les lis devant tout le monde, pour faire l'inventaire des questions. Mais on peut aussi indiquer qu'on ne souhaite pas que ce soit lu. Comme ça, je suis au courant du problème, mais cela reste confidentiel. »

Être délégué de classe, c'est l'occasion de prendre des responsabilités et d'aider les autres et, pourquoi pas, de développer des qualités qui pourront un jour vous servir.

« J'ai été délégué de classe dès la sixième. J'ai naturellement continué au lycée, puis à l'université où je dirigeais un syndicat étudiant. C'est sans doute parce que j'étais habitué à prendre la parole en public et à exposer mes idées que je suis devenu avocat », se rappelle José, avocat parisien.

S'ORIENTER,

ANGLAIS OU ALLEMAND ?

CHOISIR DES OPTIONS

BAC GÉNÉRAL OU BAC TECHNOLOGIQUE

C'EST CHOISIR

LES PREMIÈRES DÉCISIONS

FAUT-IL REDOUBLER ?

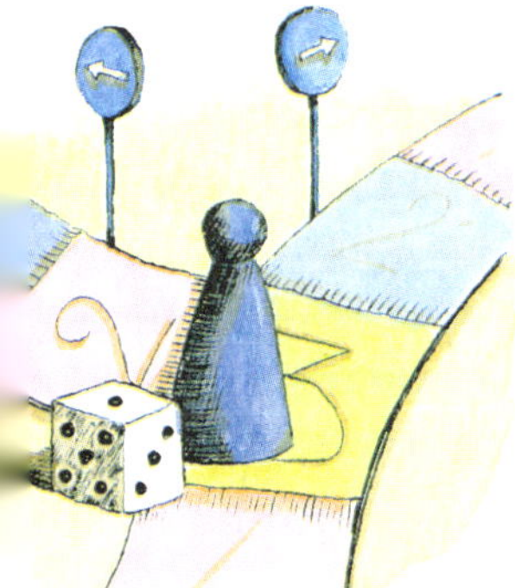

QUEL LYCÉE ?

PREMIÈRES DÉCISIONS

On pourrait croire que l'orientation ne concerne que les grands (les lycéens et les étudiants), et que les collégiens ont encore du temps devant eux avant de se poser des questions sérieuses sur leur avenir. En réalité, nous vivons dans un monde difficile et ce ne serait pas vous rendre service que de vous laisser penser cela. Le chômage augmente. Certaines professions, qui offraient des débouchés prometteurs il y a quelques années (l'informatique, par exemple), se ferment aujourd'hui. Il y a même des métiers qui disparaissent à cause des progrès techniques. D'autres évoluent, soit parce que le niveau d'études demandé est plus élevé, soit parce que les usines ferment car les produits sont fabriqués dans un pays où la main-d'œuvre est moins chère. En raison de ces évolutions, vous n'exercerez peut-être pas le même métier durant toute votre vie. Vous aurez sans doute à vous reconvertir. Dans ces conditions, plus vous aurez des bases solides, mieux vous vous en sortirez.

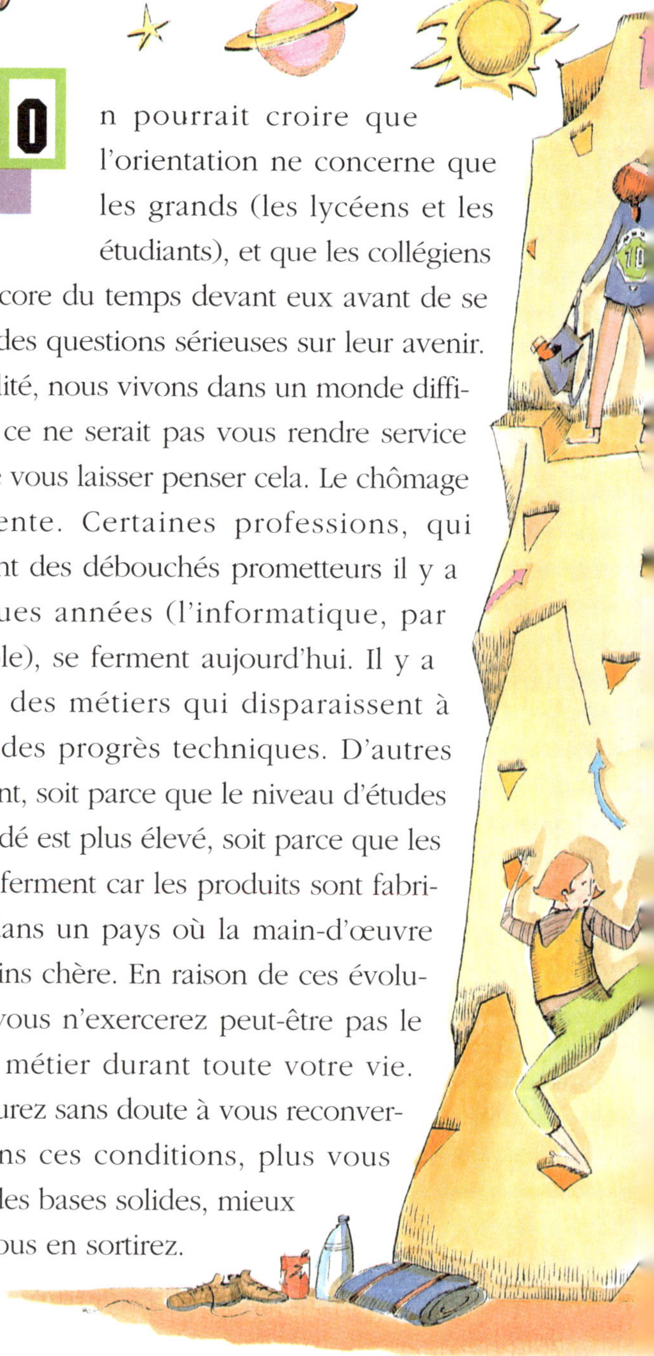

ÉLABORER UNE STRATÉGIE

Toutes les analyses concernant le système scolaire montrent que l'avenir se décide très tôt, dès le collège (certains disent même dès l'école !). Entre la sixième et la troisième, vous aurez donc à prendre des décisions, et aucune ne sera anodine. Elles concerneront vos options (les langues, notamment) et le choix de votre quatrième. En effet, après la cinquième, on va normalement en quatrième générale. Mais si vous avez des difficultés, on vous demandera peut-être de faire une quatrième technologique, une quatrième d'aide et de soutien ou de redoubler. Enfin, c'est en troisième qu'a lieu le choix le plus important, car il détermine les études que vous ferez plus tard : études longues si vous entrez en seconde au lycée, études plus courtes si vous optez pour un lycée professionnel. Vous pouvez aussi choisir de redoubler. Il importe donc de bien réfléchir et d'élaborer une stratégie cohérente.

ANGLAIS OU ALLEMAND ?

Dès la sixième, il est obligatoire de choisir une première langue vivante parmi celles qui sont proposées au collège. La plupart des élèves optent pour l'anglais ou l'allemand, plus rarement l'espagnol, et exceptionnellement l'italien ou le russe (la liste varie selon les établissements). C'est à vous de choisir, mais vos parents vous donneront sans doute des conseils… Écoutez-les attentivement (ils ne seront pas nécessairement mauvais !), puis prenez votre décision. Les parents de Thomas ont insisté pour qu'il apprenne l'allemand parce qu'ils étaient eux-mêmes d'origine allemande. Thomas a suivi leur conseil et ne le regrette pas : il parle allemand tous les jours à la maison, et c'est déjà un très bon élève. Pour des raisons comparables, de nombreux élèves alsaciens étudient l'allemand en première langue : ils n'ont qu'à traverser le Rhin pour s'exercer à l'oral.

Les parents d'Estelle ont voulu que leur fille soit dans la meilleure classe du meilleur collège de la ville. Ils l'ont donc obligée à faire de l'allemand, parce que cette langue, à cause de sa grammaire difficile, passe pour être la langue des bons élèves. Or Estelle a eu beaucoup de mal à suivre et a rencontré des difficultés qu'elle n'a pas réussi à surmonter. En plus, dans son collège, les élèves qui avaient choisi l'allemand n'étaient pas regroupés dans une même classe, mais répartis entre toutes les sixièmes… Et Estelle n'est pas tombée dans une « bonne » sixième ! Si vos parents veulent vous contraindre à faire de l'allemand, parlez-leur donc d'Estelle.

DU LATIN EN CINQUIÈME ?

On peut choisir l'option latin dès la cinquième. Le latin est très apprécié des parents et des professeurs : plus encore que l'allemand, cette langue est considérée comme celle des « premiers de la classe ». D'abord, parce que sa grammaire est réputée difficile. Pour traduire un texte latin, il faut prêter une grande attention à la construction des phrases. « C'est comme une énigme, on trouve le sens du texte en identifiant les temps et les cas », remarque Aurore qui a fait trois ans de latin.
Ensuite, parce qu'elle permet d'améliorer son orthographe. En effet, le latin est à l'origine des langues parlées en Europe, telles que le français bien sûr, mais aussi l'espagnol, l'italien ou le roumain. Quand on connaît des mots latins, on peut comprendre, grâce à l'étymologie, le sens et l'orthographe de mots français, et en particulier du vocabulaire savant. Par exemple, *equus*, qui signifie « cheval » en latin, a donné « équitation » et « équestre ».

Enfin, la connaissance du latin peut vous aider à mieux comprendre la pensée et la littérature européennes, comme les tragédies de Corneille ou de Racine, qui ont été profondément influencées par la culture latine. Il faut cependant savoir que cet enseignement exigera de vous un effort supplémentaire. Mais si cela ne vous plaît pas ou si vous ne parvenez pas à suivre, vous avez la possibilité d'abandonner cette matière en troisième ou au lycée. C'est un choix qui ne vous engage pas définitivement.

UNE DEUXIÈME LANGUE EN QUATRIÈME

Si vous n'avez pas choisi l'anglais comme première langue en sixième, faites-le en quatrième, car l'anglais est aujourd'hui incontournable. Si vous le maîtrisez, vous trouverez toujours quelqu'un pour répondre à vos questions, partout où vous irez dans le monde, que ce soit en Patagonie ou au fin fond de la Sibérie. Si vous faites déjà de l'anglais, il vous faut choisir une autre langue parmi celles qui sont enseignées dans votre collège.

Il y a de fortes chances pour que vos parents interviennent dans votre choix… En effet, lorsque vous avez choisi l'anglais, ils ne pouvaient pas vraiment vous contredire puisque c'est une langue utilisée dans le monde entier. En revanche, pour la deuxième langue, cela risque d'être un peu plus compliqué!

Vos parents feront peut-être appel à des raisons sentimentales, comme pour Cédric, dont la famille est d'origine italienne. Ses parents lui ont imposé l'italien (qu'ils ne parlent pas) par tradition familiale, alors que Cédric, peu sensible à la fibre ancestrale, aurait préféré l'espagnol. Si vous vous trouvez dans ce cas, objectez à vos parents qu'on apprend plus facilement lorsqu'on est motivé. Cela les fera peut-être réfléchir.

PARTEZ À LA CHASSE AUX INFOS !

Pour choisir en connaissance de cause et trouver des arguments pour convaincre vos parents, pourquoi ne pas aller à la chasse aux informations ? En cinquième, les professeurs de langue font parfois le tour des classes pour présenter leur matière. N'hésitez pas à leur poser toutes les questions qui vous passent par la tête, sur la grammaire, la difficulté de la langue, les échanges prévus avec des correspondants ou les voyages scolaires dans le cadre de jumelages. Allez également en parler avec des qua-

trièmes et des troisièmes, pour voir ce qu'ils pensent de la langue qu'ils étudient et des profs. Méfiez-vous des idées toutes faites : l'espagnol est souvent considéré à tort comme une langue facile alors que sa grammaire est relativement complexe. Vous pouvez aussi consulter des livres au CDI : des manuels scolaires, mais aussi des ouvrages ou des revues comme *Géo*. Vous pourrez ensuite discuter avec vos parents en toute connaissance de cause… Il ne s'agit pas de vous opposer à eux par simple esprit de contradiction, mais de vous faire votre propre opinion et de la défendre.

REDOUBLER ?

« Redoubler, c'est galère ! » Non seulement on est séparé des copains, mais en plus on se retrouve avec des petits nouveaux qui ne se gênent pas pour vous rappeler que vous êtes un « vieux ». Et c'est la même chose avec les enseignants ! À l'occasion d'un appel de début d'année, un prof révélera votre date de naissance, un autre vous décochera un « ça, on l'a déjà fait l'an dernier, il doit bien vous en rester quelques souvenirs? ». Il y en a même qui vous demanderont d'expliquer à la classe des choses que vous êtes censé connaître mais dont vous n'avez jamais entendu parler ! Ils ne le font pas nécessairement par méchanceté, mais il n'empêche que, pour vous, c'est quand même la honte !

Il y a aussi les profs de l'année précédente que vous risquez de retrouver, ceux qui vous connaissent trop bien, qui se sont fait une opinion définitive sur vous. Ils sont persuadés que vous êtes paresseux, ou que vous ne pourrez pas progresser ! À l'opposé, certains se font un point d'honneur de vous sauver et de vous inculquer leur savoir, de gré ou de force : « C'est le prof de maths qui m'a fait redoubler, raconte Émilie, élève de troisième. Or il avait spécialement demandé à m'avoir de nouveau dans sa classe ! Un véritable cauchemar. Il ne me passait rien, il me persécutait. J'ai été définitivement dégoûtée des maths. » Pareille mésaventure est heureusement rarissime. Si vous êtes catalogué par les profs comme « forte tête » ou « chahuteur », vous avez peut-être intérêt à demander le redoublement dans une autre classe ou dans un autre collège. Il faut que vos parents envisagent cette solution avec le professeur principal, le conseiller d'orientation et le chef d'établissement avant le conseil de classe du troisième trimestre.

Enfin, autre risque du redoublement : l'ennui, l'ennui mortel, parce que le prof ressert le même cours que l'année précédente, à la virgule près.

RECULER POUR MIEUX SAUTER

Mais il existe des aspects positifs au redoublement. Connaître les professeurs, leurs petites manies et leurs exigences, c'est un atout qui peut vous faire gagner beaucoup de temps. Si vous savez que la prof de maths attache beaucoup d'importance à la présentation des devoirs ou que le prof de français est intraitable en matière d'orthographe, faites des efforts. Cela vous permettra de gagner quelques points… et de jouir d'un certain prestige ! Car les redoublants sont de grands sachems, qui peuvent informer et conseiller leurs camarades. Certains en profitent pour s'investir dans la vie du collège et être délégué de classe, par exemple. Enfin, le grand avantage du redoublement, c'est qu'on a déjà vu le programme ! Au départ, tout paraît plus facile, même si cela risque de ne pas durer. C'est l'occasion pour vous de

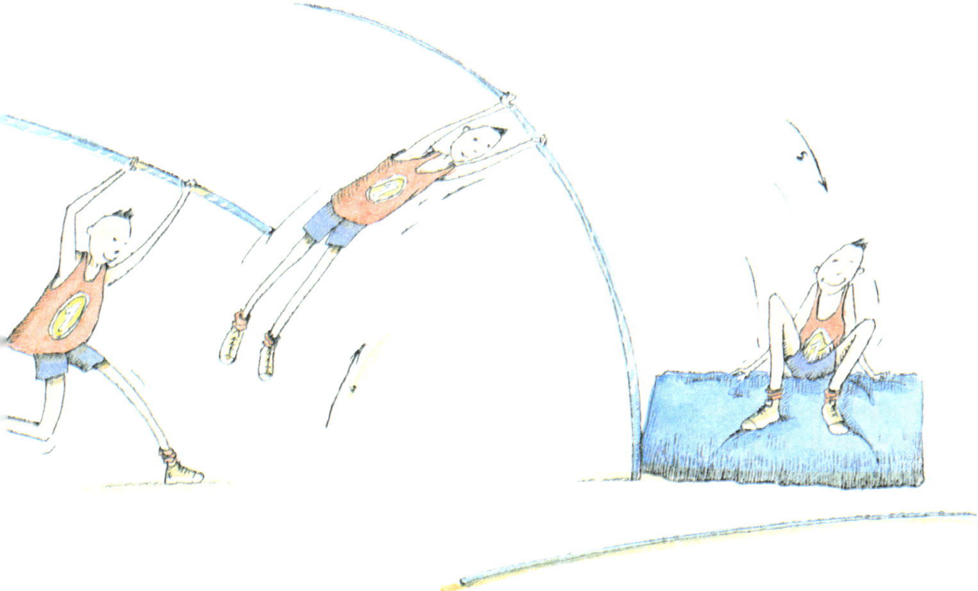

devenir bon élève… alors foncez! Mettez les bouchées doubles! Profitez-en pour approfondir ce que vous savez déjà, vous attarder sur ce que vous connaissez le moins et (pourquoi pas?) pour prendre de l'avance.

Grâce au redoublement de la classe de troisième, des élèves qui visaient des études longues ont pu éviter le lycée professionnel. D'autres ont obtenu le BEP de leur choix, comme Mikaël, qui ne voulait pas aller en mécanique, mais en industrie chimique. Comme ce BEP, très sélectif, recrutait sur toute l'académie, il a préféré redoubler la troisième pour avoir un bon dossier et plus de chances d'être admis. Sachez en tout cas que si vous pouvez refuser le redoublement en cinquième, cela ne sera possible ni en sixième, ni en quatrième, ni en troisième : dans ces trois classes, ce sont les profs qui décident.

QUATRIÈME GÉNÉRALE OU TECHNO ?

Si vous suivez bien en cinquième, vous n'aurez aucun problème pour passer en quatrième générale. Mais si vous avez déjà redoublé plusieurs fois ou si vous avez des difficultés dans les matières générales (français, langue vivante, maths, histoire-géo), on vous proposera probablement une quatrième technologique. C'est une classe implantée dans un collège ou un lycée professionnel, où l'enseignement des matières générales s'appuie sur des applications concrètes. Vous y découvrirez des domaines comme la mécanique, la menuiserie, la gestion ou l'informatique. Pour étudier ces matières, vous aurez bien sûr besoin du français ou des mathématiques, mais vous les aborderez d'une manière plus concrète. En français, on vous apprendra, par exemple, à rédiger une notice d'utilisation ou le règlement d'un jeu informatique que vous aurez conçu. En maths, on vous enseignera les calculs indispensables à la réalisation d'une pièce en mécanique. C'est ce qu'on appelle les « mathématiques appliquées ».

Les matières techniques sont aussi des « bancs d'essai » pour tester vos préférences, dans la perspective des décisions à prendre à la fin de la troisième. Car la quatrième et la troisième technologiques mènent à la préparation d'un BEP en lycée professionnel. « Chaudronnerie et menuiserie, ça ne me branchait vraiment pas », se souvient Aurélien, qui fait maintenant de l'électrotechnique. Pour éviter des déceptions, il conseille de faire attention au choix des options en quatrième technologique : « Si ce qu'on vous propose dans la quatrième techno la plus proche de chez vous ne vous plaît pas, allez voir ailleurs, même s'il faut faire quelques kilomètres de plus en bus ou en train », recommande-t-il. Le jeu en vaut la chandelle.

QUATRIÈME D'AIDE ET DE SOUTIEN ?

Si vous avez déjà redoublé plusieurs fois et que vous avez de grosses difficultés en cinquième, on vous proposera peut-être de passer en classe de rattrapage, la « quatrième d'aide et de soutien ». Cette classe n'existe pas dans tous les collèges (vous devrez peut-être changer d'établissement) et elle porte parfois des noms différents : « quatrième à dispositif », « quatrième d'insertion », « quatrième à effectifs réduits »…

Vous y serez moins nombreux que dans une quatrième normale (dix-huit au maximum). Les professeurs, en nombre restreint, sont tous spécialisés et volontaires, donc motivés, pour s'occuper des élèves. Les horaires sont aménagés (on consacre davantage de temps aux matières de base, français et mathématiques) et vous conclurez un « contrat » personnalisé avec les enseignants. On vous fixera, par exemple, comme objectif d'améliorer votre orthographe, de savoir résoudre des fractions ou de faire des opérations avec des nombres positifs et négatifs d'ici la fin de l'année. Vous ferez aussi des stages en entreprise pour découvrir différents domaines professionnels. Si, à la fin de l'année, vous avez réussi à rattraper le niveau, vous irez en quatrième générale ou technologique. Sinon, vous pourrez continuer en troisième d'insertion et, ensuite, en apprentissage.

QUELQUES EXEMPLES

« J'ai déjà redoublé à l'école primaire et j'ai eu du mal à suivre en sixième, mais mes parents n'ont pas voulu que je redouble, confie Laurence. En cinquième, j'étais dépassée, j'avais de mauvaises notes partout sauf en maths. Alors je suis allée en quatrième d'aide et de soutien pour un rattrapage en français. J'ai conclu un accord avec ma prof : je me suis engagée à lire beaucoup, en plus du travail scolaire. Lorsque j'ai fini un roman, je fais une fiche de lecture pour résumer l'intrigue et expliquer pourquoi je l'ai aimé ou au contraire pourquoi il m'a déplu. J'espère bien aller en quatrième générale l'an prochain. » Sylvia ne voit pas son avenir de la même manière : « J'en ai assez des études, j'aimerais bien trouver une idée de métier, et peut-être un apprentissage.

J'ai déjà essayé le toilettage pour chiens, mais ce n'est pas drôle tous les jours : les animaux aboient, bougent tout le temps et mordent parfois. Je ferai mon prochain stage chez une fleuriste. »

Arnaud aurait aimé être boulanger, mais il n'a pas résisté aux levers matinaux : « À la fin de la première semaine, j'étais crevé », dit-il. Il n'avait jamais pensé au métier de carreleur, pourtant l'essai chez un artisan s'est révélé concluant : « C'est varié : on travaille dans des villas, des appartements, des bâtiments publics. Le plus agréable, ce sont les piscines, surtout lorsqu'elles sont en plein air dans un beau jardin. »

LE BON CHOIX APRÈS LA TROISIÈME

En troisième, vous pourrez choisir entre trois possibilités :
– une seconde générale ou technologique menant à l'une des sept séries du baccalauréat ;
– une seconde spécifique (pour des études très spécialisées en musique, danse, arts appliqués ou hôtellerie qui mènent aussi au baccalauréat) ;
– ou une seconde professionnelle menant en deux ans à la préparation d'un brevet d'enseignement professionnel (BEP), en lycée professionnel. Cette troisième voie aboutit normalement à des études plus courtes. Mais il est possible de poursuivre vers un baccalauréat professionnel ou technologique après le BEP. C'est ce que font 60 % des élèves.
En fonction de vos résultats en troisième, on vous proposera l'une ou l'autre de ces voies. Vous vous déciderez selon vos goûts et vos projets d'avenir.
Cette orientation est très importante, car elle vous

engage pour le reste de vos études. Réfléchissez bien, surtout si vous savez déjà ce que vous voulez faire plus tard : une seconde générale option latin ne mène pas au même bac qu'une seconde techno option productique !

Raphaël en sait quelque chose. Il voulait être preneur de son et envisageait un bac S (scientifique). Il a donc choisi, pour la seconde, deux options scientifiques : technique des systèmes automatisés (TSA) et productique. Mais voilà, en fin de seconde, le conseil de classe ne l'a pas admis en première S : Raphaël a été orienté vers une première technologique STI (sciences et technologies industrielles). Or, quand on a un bac STI, il faut avoir une mention électronique ou électrotechnique pour être preneur de son. À l'entrée en seconde, Raphaël aurait donc dû prendre l'option informatique et électronique en sciences physiques plutôt que la productique.

QUELLES OPTIONS CHOISIR POUR LA SECONDE ?

À la fin de la troisième, vous devrez choisir des options pour la seconde : deux au minimum et quatre au maximum, si vous prenez une langue ancienne (latin ou grec) et de l'informatique. Ces options sont des matières nouvelles, dont la découverte vous permettra, si vous les aimez, de décider en connaissance de cause vers quelle série du baccalauréat vous orienter à la fin de la seconde.

Là aussi, vous avez tout intérêt à retenir les matières que vous connaissez déjà et que vous aimez ou, si elles sont nouvelles pour vous, les disciplines pour lesquelles vous éprouvez de l'attirance. Pour vous faire une idée précise du contenu de ces options, vous pouvez aller au Centre de documentation et d'information (CDI) du collège. Vous pouvez également vous rendre dans celui du lycée voisin pour jeter un coup d'œil sur les manuels scolaires de seconde ou bien pousser la porte d'une librairie un mercredi après-midi et regarder le rayon scolaire et parascolaire.

BAC GÉNÉRAL OU TECHNOLOGIQUE ?

En fin de seconde, vous devez choisir votre série de baccalauréat. Il existe trois séries générales : Littéraire (L), Économique et sociale (ES) et Scientifique (S), et quatre séries technologiques principales :
– deux séries industrielles : Sciences et technologies industrielles (STI) et Sciences et technologies de laboratoire (STL) ;
– une série paramédicale : Sciences médico-sociales (SMS) ;
– et une série tertiaire : Sciences et technologies tertiaires (STT).

Vous trouverez, en annexe, de plus amples renseignements sur les débouchés de ces différentes séries et les options qui y conduisent.

Quand vous réfléchirez au bac que vous souhaitez préparer, tenez compte d'une contrainte supplémentaire : tous les lycées n'offrent pas la gamme complète des options. Si vous convoitez une option rare (par exemple, italien ou chinois comme troisième langue vivante) et que celle-ci n'existe pas dans le lycée de votre secteur, vous devrez demander un autre établissement et courir le risque de ne pas y être admis s'il y a trop de candidats. C'est là une source de déceptions. Ainsi Grégory, pourtant bon élève, n'a pas pu se faire inscrire dans le lycée qui proposait des cours d'italien, faute de places disponibles.

DES BACS TRÈS SPÉCIALISÉS

En plus de ces sept séries, il existe d'autres bacs technologiques, qui proposent des formations très spécialisées. Il y a notamment deux bacs agricoles : Sciences et technologies de l'agronomie et de l'environnement (STAE) et Sciences et technologies du produit agroalimentaire (STPA). Ils ne sont pas réservés aux futurs agriculteurs. Ces deux baccalauréats mènent prioritairement à des études agronomiques et scientifiques : métiers de l'agroalimentaire, de l'œnologie, de l'eau, de l'environnement. Ils se préparent dès la seconde dans les lycées agricoles. Il vous suffit de choisir l'option biologie-écologie. Si vous changez d'avis, vous pourrez préparer un baccalauréat S (scientifique) en lycée agricole, avec cette même option. Vous pouvez aussi choisir dès la seconde une formation

très spécialisée qui conduit à l'un des baccalauréats technologiques suivants : danse, musique, arts appliqués ou hôtellerie. Pour la danse et la musique, seuls sont concernés ceux qui suivent depuis la sixième un cursus aménagé en liaison avec le conservatoire.

En revanche, si vous aimez le dessin et envisagez une carrière dans le domaine des arts appliqués (graphisme, décoration, architecture d'intérieur), ou si vous souhaitez vous orienter vers l'hôtellerie, vous pouvez demander dès la troisième l'inscription dans une seconde spécifique qui dispense environ onze heures de cours dans l'option choisie. Ces classes n'existent que dans quelques établissements par académie. Vous devez donc vous y prendre à l'avance (dès le mois de janvier) et ne pas exclure la perspective de vous retrouver loin de chez vous.

L'ORIENTATION PAR L'ÉCHEC ?

Si vous êtes un excellent élève, il y a peu de chances que les professeurs vous orientent vers un lycée professionnel, car ils considéreront que vous devez poursuivre vos études au-delà du baccalauréat. Mais il arrive que de très bons élèves souhaitent faire des études courtes pour exercer rapidement un métier et être indépendants. Si vous êtes dans ce cas, vous choisirez le lycée professionnel et serez immédiatement admis dans la section demandée.
Mais la plupart du temps, le conseil de classe vous proposera une orientation en lycée professionnel parce que vous avez des difficultés scolaires. Vous vous sentirez peut-être exclu, pris au piège, car vous ne pourrez pas faire ce que vous souhaitez.

Tout d'abord, sachez que l'orientation en lycée professionnel ne peut pas vous être imposée si vous n'êtes pas d'accord. Si elle ne vous convient pas, vous pouvez toujours demander à redoubler la troisième : c'est un droit. Si vous êtes déjà redoublant, vous pouvez encore refuser le lycée professionnel, mais vous ne serez pas toujours autorisé à tripler la classe de troisième. Si vous êtes dans ce cas, réfléchissez bien, car le lycée professionnel peut constituer une planche de salut. Le tout est de bien choisir sa spécialité et son établissement : certains BEP offrent peu de débouchés (la mécanique auto, par exemple) ou ne permettent pas de continuer des études.

DEVENIR « PRO »

Si vous vous retrouvez en lycée professionnel sans l'avoir vraiment voulu, vous serez peut-être tenté de baisser les bras et d'accepter n'importe quoi. Ce n'est évidemment pas la solution : il vaut mieux s'armer de courage et choisir au mieux son BEP. Pour cela, trois critères sont importants : vos goûts (car vous réussirez mieux dans un métier que vous aimez), les débouchés et la possibilité de poursuivre des études.

N'oubliez pas non plus que certains BEP sont très convoités. S'il y a beaucoup de candidats, le recrutement sera très sélectif. Vous pouvez contourner cette difficulté en demandant un lycée professionnel moins couru : certains établissements situés en

zone rurale ou dans de petites localités n'ont que deux ou trois candidats pour une place, alors qu'en ville il y a jusqu'à cinq demandes pour un seul élu. Cela mérite bien quelques sacrifices, comme une heure de transport par jour ou deux ans en internat. Vous pourrez obtenir tous ces renseignements au CIO (Centre d'information et d'orientation), auprès d'un conseiller connaissant bien l'enseignement professionnel.

Rappelez-vous enfin qu'après une filière courte il est possible de reprendre des études longues. Une fois votre BEP en poche, vous pouvez tenter votre chance en préparant un bac professionnel ou aller au lycée pour passer un bac technologique et accéder ensuite à l'université ou aux grandes écoles.

QUEL LYCÉE ?

Rien ne vous empêche d'aller visiter les établissements. Tel lycée professionnel n'a pas bonne réputation? Pourquoi ne pas vous rendre sur place et juger par vous-même? Le conseiller d'orientation vous facilitera les contacts. Essayez de rencontrer des élèves, de discuter avec des enseignants ou un chef de travaux. Au lycée professionnel, vous ne serez plus l'élève le plus âgé, ou le dernier de la classe. Les professeurs ne vous traiteront jamais par le mépris et ne vous considéreront pas comme des cancres. Bien au contraire, ils essaieront de vous aider de leur mieux, avec des méthodes plus concrètes.

Pour être admis dans le lycée de son choix, les résultats scolaires sont importants, mais ce sont moins les notes qui comptent que les qualités et les aptitudes correspondant au métier préparé. Ainsi vous avez davantage de chances de voir votre dossier accepté si vous êtes « persévérant, appliqué, soigneux, serviable, aimable, communicatif » que si vous êtes « brouillon, bavard, dissipé, ou indiscipliné ». Si vous avez des problèmes relationnels avec certains professeurs du collège, parlez-en au professeur principal ou au conseiller d'orientation, car il pourra se faire votre avocat au conseil de classe et obtenir que ne figurent sur votre bulletin scolaire que les appréciations qui vous permettront d'être accepté en lycée professionnel.

SE PROJETER

IL N'Y A PAS QUE LES DIPLÔMES

DROIT À L'ERREUR

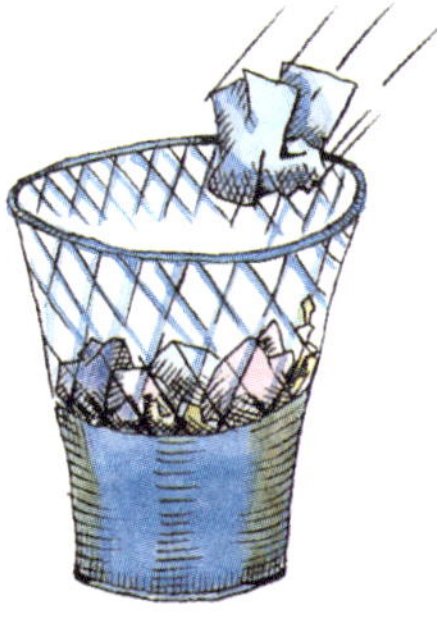

DIALOGUER

DANS L'AVENIR

CHOISIR, POURQUOI ?

LA PRESSION DES PARENTS

NE PAS SE BRAQUER

CHOISIR, POURQUOI ?

Vous êtes un « crack » dans toutes les matières, et particulièrement en français et en maths? Ne vous inquiétez pas pour votre orientation! Les professeurs seront les premiers à vos proposer la meilleure classe, celle qui mène tout droit au meilleur lycée, puis aux études supérieures les plus prestigieuses, dont vous sortirez pour entrer par la grande porte dans la haute administration ou les multinationales. Vous êtes déjà un polytechnicien ou un PDG en puissance!
En revanche, si vous peinez dans un certain nombre de matières, notamment en maths et en français, ou dans toutes, alors là vous pouvez commencer à vous faire du souci... Non seulement personne ne vous proposera une bonne classe et une orientation intéressante, mais on vous poussera plutôt vers des circuits parallèles dès la cinquième.

Le monde et le système scolaire sont ainsi faits : moins on a de facilités, et moins on dispose de temps pour réfléchir à ce que l'on veut faire et choisir son orientation. Cela peut paraître injuste, et ça l'est indiscutablement. Au fil des années, le système scolaire procède par éliminations successives : à la fin, ne restent que les très bons éléments... Les autres s'en vont au fur et à mesure dans des filières moins prestigieuses, parce que considérées comme moins intellectuelles : l'enseignement technique et professionnel.

L'ÉCOLE, CE N'EST PAS TOUT...

Ce ne sont pourtant pas les études qui font la qualité d'une personne ou qui lui permettent de mieux se débrouiller dans la vie. Si on faisait une enquête sur les anciens premiers de la classe, on s'apercevrait qu'ils n'ont pas tous réussi. À l'inverse, qui ne se souvient de la fameuse publicité mettant en scène Guy Degrenne, super-cancre devenu célèbre industriel de la coutellerie? Quant à René Monory, ancien ministre de l'Éducation nationale et président du Sénat, son seul diplôme est un CAP de garagiste.

Les aptitudes scolaires ne garantissent pas le bonheur. Angélique, diplômée de l'École centrale, une des plus prestigieuses écoles d'ingénieurs, n'a jamais été heureuse dans son travail... Elle souhaitait faire du théâtre, mais voilà, elle avait des facilités en maths, et la tradition familiale la conduisait obligatoirement aux grandes écoles.

ATTENTION, HARCÈLEMENT !

« Ma mère veut que je fasse des projets d'avenir. Elle me voit déjà mariée, mère de famille et un métier en poche. Mais pour moi, ce qui compte, c'est l'instant présent. » Certains jours, Justine ne supporte plus la pression familiale... Florence, qui est en troisième, a le même genre de problèmes : « Choisir ses options de seconde, c'est déjà être obligé de réfléchir au bac, donc aux études que l'on envisage plus tard. Mais je ne parviens pas à me projeter dans le futur, à m'imaginer adulte. » Tous les adolescents éprouvent le même malaise. Ils ne supportent pas le harcèlement de leurs parents. « J'aimerais être archéologue, confie Florence, mais je vois bien que ce n'est pas un métier ouvert. Ma sœur aînée, qui avait la même idée, a fait des études d'histoire. Aujourd'hui, elle se retrouve avec des petits boulots de documentaliste ou de bibliothécaire à mi-temps. L'archéologie, ce n'est pas un projet réaliste. Mon père veut que je fasse des maths, car cela ouvre davantage de portes. Mais même si je suis plutôt bonne, ça ne me dit rien. Je préfère le français et le grec ancien. »

Il est parfois difficile d'éviter le conflit. « J'avais bien envie d'être prof de sports. Ma mère était d'accord parce que l'Éducation nationale, c'est la sécurité de l'emploi… Pour elle, qui a été plusieurs fois au chômage, c'était un gros avantage. Et puis, comme je faisais aussi du théâtre, elle avait peur que je veuille devenir comédienne, raconte Justine, mais c'était dur d'aller courir et de s'entraîner tous les jours. À la longue, ça finissait par être une véritable corvée. Alors j'ai changé d'avis et renoncé à l'enseignement. Ma mère ne l'a pas accepté. Depuis, elle m'agresse sans arrêt, en me traitant de girouette. »

LE DROIT À L'ERREUR

Il est normal de changer d'avis. C'est ainsi que s'élabore un projet. Avoir une idée, cela permet de progresser, de donner un sens à ses études. Car l'intérêt des cours n'est pas toujours évident. « À quoi bon faire des graphiques ou des pourcentages? » vous êtes-vous parfois demandé. Mais si le prof vous en montre les applications pratiques, pour calculer l'évolution de la démographie ou préparer un bulletin météo, tout devient plus clair et plus intéressant. Et puis, peu à peu, vous pouvez vous apercevoir que votre idée n'était pas la bonne, que vous avez été trop ambitieux, ou au contraire pas assez, ou bien que cela ne correspond pas vraiment à ce dont vous avez envie. Une autre idée surgit, et puis peut-être une troisième.

Un projet solide se construit par étapes, en faisant des essais, et aussi des erreurs. Malheureusement, les parents ne le comprennent pas toujours, soit parce qu'eux-mêmes n'ont pas connu ces hésitations, soit tout simplement parce qu'ils ont oublié leur adolescence. Il est vrai qu'il n'y avait pas les mêmes difficultés pour trouver du travail à l'époque et que le système scolaire était moins complexe. Sans trop se poser de questions, on poursuivait ses études dans l'une des trois voies proposées (classique, moderne ou technique). Aujourd'hui, les parents sont angoissés par le chômage, alors ils veulent donner le maximum de chances à leurs enfants. On ne peut pas le leur reprocher, même si, parfois, ils en font un peu trop.

DIALOGUER

En prenant conscience de leurs inquiétudes, vous pourrez en discuter avec eux et faire valoir vos arguments. Rappelez-leur que personne n'est à l'abri du chômage ou d'une reconversion forcée (excepté les fonctionnaires titulaires) et que tout le monde peut être appelé à changer plusieurs fois de poste ou de métier au cours de sa vie, par nécessité, par hasard, mais aussi par goût.

Nicole, infirmière d'entreprise, en avait assez de distribuer des cachets et d'écouter toutes les misères des salariés. Elle a donc suivi une formation permanente pour devenir secrétaire de direction. Au bout de cinq ans, elle a voulu de nouveau changer de poste : elle s'occupe désormais de la gestion des ressources humaines, c'est-à-dire des embauches et des évolutions des salariés qui désirent changer de service, à l'intérieur de l'entreprise. « Ces trois postes ont un point commun : le goût des relations avec les autres qui m'avait poussée au départ vers le métier d'infirmière », explique-t-elle.

NE PAS SE BRAQUER

Il ne faut donc pas se braquer sur des idées toutes faites. Des métiers réputés précaires, comme les professions artistiques, peuvent apporter un grand épanouissement et offrir de réelles possibilités. À l'heure actuelle, beaucoup d'orchestres recrutent des musiciens, et les bons dessinateurs sont très demandés dans la presse ou dans la publicité. On peut également trouver du travail dans des domaines voisins. Jérôme, qui avait fait des études d'histoire de l'art, voulait être conservateur de musée, mais il n'a pas réussi le concours de recrutement des musées nationaux. Cela ne l'a pas empêché de trouver une excellente situation chez un antiquaire à Paris. Pierre, qui avait suivi les mêmes études, a complété sa formation par du droit pour devenir commissaire-priseur. Enfin, Corinne, qui voulait concevoir des décors de théâtre, est aujourd'hui décoratrice de magasin : « J'ai d'abord travaillé de manière indépendante, en "free-lance", puis j'ai été embauchée dans un hypermarché. C'est un poste important, car il faut que le rayon soit attractif pour donner aux gens l'envie d'acheter. » S'il est bon, pour décider de votre avenir, de ne pas avoir d'idées toutes faites sur les métiers, il importe aussi de maintenir le dialogue avec vos parents. Ne pas renoncer à ses idées, mais désamorcer les affrontements inutiles et faire preuve de persuasion. Évitez donc de prendre une décision sur un coup de tête, uniquement pour vous opposer à eux.

PROMO CHOCOLATS

EXPLORER

MÉTIERS NULS ?

LES SALONS

UN MÉTIER POU S'ÉPANOUIR

LES MÉTIERS

MÉTIERS CONNUS OU MÉCONNUS

LES STAGES

PROFESSION PEUT RIMER AVEC PASSION

MÉTIERS CONNUS OU MÉCONNUS

Au collège, on vous parlera d'orientation, d'études, mais plus rarement de métiers. Il y a plusieurs raisons à cela : d'une part, vous êtes encore jeunes et vous avez du mal à envisager l'avenir ; d'autre part, les études, même les plus spécialisées, ne conduisent pas à un métier unique, mais à un ensemble de métiers qu'il est parfois difficile de cerner. Enfin, les profs, qui sont plus « branchés » études que métiers, n'ont pas toujours des connaissances précises dans ce domaine. La plupart des métiers sont en effet mal connus, même s'ils sont répandus : boulanger, vendeur, guichetier de la poste, employé de banque, coiffeur, dentiste... On tombe souvent de haut quand on découvre la réalité quotidienne du travail à l'occasion d'une visite ou d'un stage. Aurélien, qui rêvait d'être garde-forestier, a déchanté : « Être tout le temps dehors, avec la pluie, le froid, les pieds humides, je n'avais pas imaginé cette galère ! »

Que fait exactement un ingénieur ? Difficile à dire parce que son travail est très différent selon le secteur où il intervient. Un ingénieur de recherche, qui invente un produit, passe beaucoup de temps dans son bureau. Un ingénieur responsable de la fabrication sera présent en permanence à l'usine. Un ingénieur commercial qui doit vanter les atouts de son produit va voyager aux quatre coins du monde. Un même métier peut donc avoir des profils extrêmement variés.

FAIRE PREUVE DE CURIOSITÉ

Dans de nombreux collèges, on commence à prendre des initiatives pour faire connaître les métiers dès la quatrième. « Samedi dernier, les cours ont été remplacés par des rencontres avec des professionnels. Il y avait des pompiers, des journalistes, des directeurs d'entreprise, et aussi des parents, auxquels le directeur avait demandé de venir, raconte Boris. C'était bien organisé : les invités étaient installés dans des classes. Nous étions en petits groupes, et nous allions voir au minimum trois personnes. La veille, les profs nous avaient donné des questionnaires à remplir. » Mikaël a un point de vue plus critique : « Les questionnaires, ce n'est pas nous qui les avions préparés et ils n'étaient pas toujours très intéressants. Il ne me serait jamais venu à l'idée de demander le statut d'une profession (libéral, fonctionnaire, artisan, commerçant, salarié) ou la taille et le secteur d'activité d'une entreprise. En plus, il y avait plein de mots compliqués, comme "secteur primaire" pour parler de l'agriculture ! » Emmanuel, pour sa part, regrette certaines directives autoritaires : « Il y avait deux chefs de chantier qui n'avaient pas assez de visiteurs, alors le principal nous a obligés à aller les voir. Mais moi, ça ne m'intéressait pas, je voulais rencontrer un architecte. »

MÉTIERS NULS ?

Certains, comme Xavier et Sonia, sont découragés : « Les bons métiers ne sont pas à notre portée et les autres sont nuls ! » Parmi ces métiers qu'ils considèrent comme « nuls », parce que d'accès relativement facile, ils citent boulanger ou vendeuse. Pourtant, malgré le peu d'estime que Xavier et Sonia leur accordent, il n'est pas si simple d'être compétent dans de telles professions : « Vendre des vêtements nécessite beaucoup de patience et une grande finesse psychologique, leur explique Margot, responsable du rayon de prêt-à-porter d'un grand magasin. J'ai vu des collègues tenter de refiler n'importe quoi à la cliente. Si celle-ci est mince et que la robe est trop grande pour elle, elles s'arrangent pour retenir par derrière le tissu et leur montrer à quel point cela tombe bien devant ! Ou bien si un jean est trop étroit, elles disent que c'est à la mode de le porter serré. Bien sûr, dans les deux cas, les clientes sont mécontentes : elles reviennent pour échanger le vêtement ou bien on ne les revoit jamais. »

STÉRÉOTYPES

Chacun a des idées très arrêtées sur la valeur des métiers. Il s'agit le plus souvent de préjugés. Non, les métiers manuels ne sont pas toujours fatigants, salissants et mal payés ! Non, les métiers prestigieux ne sont pas nécessairement les plus agréables ! Bien des jeunes filles ont rêvé d'être hôtesses de l'air pour voyager, côtoyer l'élégance et le luxe, gagner beaucoup d'argent… Mais connaissent-elles l'envers du décor ? Les repas à embarquer et à servir ; le sourire qu'il faut toujours afficher en toutes circonstances face aux exigences de passagers parfois irascibles ; le sang-froid indispensable en cas de pépin : mauvais temps, incident mécanique, retards…

« Les escales sont de plus en plus courtes, et comme je suis épuisée par les décalages horaires, je pense davantage à profiter de ce répit pour dormir à l'hôtel plutôt que pour faire du tourisme », confie Édith, hôtesse sur les long-courriers.

OSER S'INFORMER

Penser activement à son avenir n'est pas toujours une occupation désagréable, car elle consiste essentiellement à s'ouvrir au monde extérieur et aux autres. Il faut savoir saisir toutes les occasions : « Je n'aurais jamais pensé à être kinésithérapeute si je ne m'étais pas cassé la jambe en faisant du ski, explique Jérôme. Pendant ma rééducation, je me suis lié d'amitié avec le kiné qui s'occupait de moi. J'ai vu comment il travaillait, il m'a dit combien il gagnait, comment il s'organisait avec ses associés. Il m'a aussi fait rencontrer un de ses confrères, spécialisé dans les soins aux sportifs de haut niveau. » Tout le monde n'a pas la chance de se casser la jambe au bon moment, mais il y a des moyens moins douloureux de découvrir un métier!

Pour trouver votre vocation, n'hésitez pas à manifester votre curiosité à tout propos et à poser des questions aux gens que vous rencontrez. « Que peut bien faire un inspecteur du Trésor, un commissaire-priseur ou un inspecteur des postes? » se demandaient deux lycéens surpris en découvrant dans une brochure le large éventail des métiers du droit. Pour le savoir, il est tout à fait possible d'aborder un inspecteur des postes au guichet et de lui demander un rendez-vous. Vous n'osez pas le faire? C'est dommage, car les gens adorent parler de leur métier. Si vous êtes trop timide, allez-y avec un copain ou une copine. Vous pouvez aussi commencer par vos proches : oncles, tantes, parrain, cousins, amis de vos parents, voisins... Mais il faut préparer soigneusement l'entretien, notamment en formulant des questions à l'avance, car sur place on risque d'oublier l'essentiel.

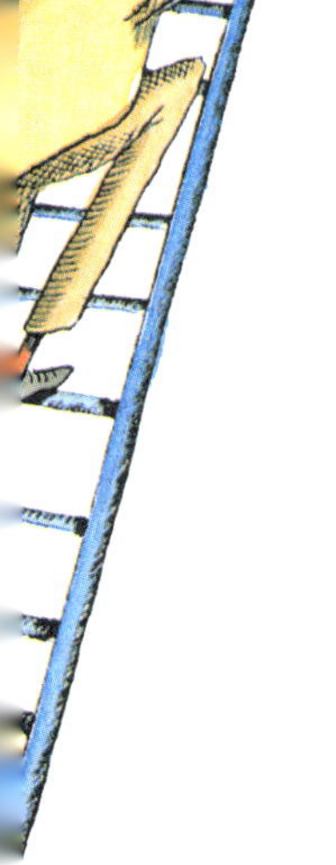

Voici un modèle de questionnaire à adapter à chaque métier :

– En quoi consiste votre travail ? Pouvez-vous décrire une journée ou une semaine type?

– Qu'est-ce qui vous a poussé à choisir ce métier? Aviez-vous cette idée depuis toujours? Était-ce une idée de vos parents? ou un hasard? (Cette question ravira sans doute votre interlocuteur, car elle lui donnera l'occasion de raconter sa vie. Rares sont ceux qui y résistent...)

– Quels sont les avantages et les inconvénients de votre métier? (On peut à cette occasion glisser une question sur le salaire.)

– Quelles sont les qualités nécessaires pour exercer cette profession?

– Qu'avez-vous fait comme études pour y parvenir?

– Avez-vous envie d'en changer? Pour faire quoi?

CONNAIS-TOI TOI-MÊME

Savoir estimer vos aptitudes, vos qualités et vos défauts sera d'une grande aide quand vous chercherez à savoir quels métiers sont faits pour vous. En effet, en cernant votre personnalité, vous découvrirez peut-être que certaines professions auxquelles vous aviez songé ne vous conviennent finalement pas. Si vous souhaitez, par exemple, vous occuper d'enfants, mais que vous n'êtes pas doté d'une grande patience, vous risquez d'avoir quelques difficultés... Deux solutions : ou bien vous y renoncez, ou bien vous vous exercez à la patience ! Même chose pour la timidité : si vous voulez absolument vous tourner vers un métier de contact (hôtesse, par exemple), vous devrez faire l'effort de surmonter votre handicap. Rien n'est impossible, encore faut-il savoir ce que l'on veut et se donner les moyens d'y parvenir.

TRANSFORMER SES DÉFAUTS EN QUALITÉS

Apprendre à vous « auto-évaluer » vous permettra aussi de valoriser certains aspects de votre personnalité. En effet, les profs ont souvent tendance à tout ramener aux résultats scolaires, sans prendre en compte votre caractère. Être « bavard » (donc communicatif!) peut constituer un atout pour les métiers où l'on est en contact avec le public : commerce, vente, tourisme, aide sociale, police, éducation… Certains vous reprochent votre imagination débordante? Cela peut être extrêmement utile dans les métiers de la création artistique, du design, de l'architecture, de l'édition et de la publicité.

Michel se souvient de son totem chez les scouts : « Furet pointilleux ». À l'époque, il avait été vexé… À tort, car le « pointilleux » peut exercer toutes sortes de métiers où la précision est indispensable : détective, notaire, contrôleur des impôts, ouvrier qualifié, ingénieur, comptable…

Enfin, bien se connaître permet de ne pas se laisser décourager par certains conseilleurs : « Je voudrais être pilote, mais tout le monde me serine que ce n'est pas un métier pour une fille », dit Séverine. En sachant ce que vous voulez et ce que vous valez, vous serez plus sûr de vous au moment décisif.

LES STAGES

Pour découvrir une profession, l'idéal est de faire un stage. Certains collèges en organisent pour les élèves de quatrième et surtout de troisième.

Si c'est le cas dans votre établissement et qu'on vous propose une liste d'entreprises, essayez malgré tout de trouver un stage par vous-même : vous pourrez alors chercher dans un domaine qui vous intéresse réellement. En effet, la plupart des élèves se contentent des adresses fournies par les profs ou des « pistons » des parents. Malheureusement, cela ne donne pas souvent de bons résultats.

Emmanuel a commencé à chercher un stage trop tard. N'ayant rien trouvé, il a dû se contenter de la solution de facilité et passer une semaine dans le magasin d'informatique de son cousin, alors qu'il souhaitait découvrir une entreprise créant des CD-Rom. Hadrien, lui, a démarché une vingtaine de boutiques de photographes avant d'en trouver une qui l'accepte. Julien, qui voulait être cuisinier, avait contacté plusieurs restaurants. L'un a accepté, puis s'est ravisé au dernier moment : « Je me suis rabattu sur un stage au service des espaces verts de la ville et cela m'a beaucoup plu. Maintenant, je prépare un BEP de paysagiste », dit-il. Le stage peut se montrer utile, sinon déterminant, pour choisir son orientation.

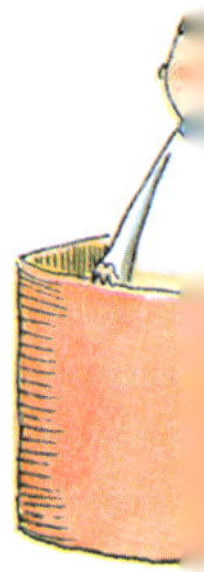

LES SALONS

Vous pouvez aussi rencontrer des spécialistes dans les salons et autres manifestations professionnelles : salons du collégien, du lycéen, voire même de l'étudiant, semaine de l'apprentissage... Certains collèges organisent des visites pour les quatrièmes et les troisièmes. Malheureusement, elles sont souvent trop courtes, et les conférences qui vous intéressent n'ont justement pas lieu ce jour-là ! Vous avez alors intérêt à y retourner le mercredi ou le samedi, seuls, avec des copains ou avec vos parents.

Sur les stands, vous rencontrerez des étudiants (de grandes écoles, de facs et de lycées généraux ou professionnels), mais aussi diverses corporations. La plupart des grandes administrations participent à ces salons. Il peut aussi y avoir des entreprises de la région. Vous pourrez alors discuter avec les personnes présentes sur les stands, leur poser des questions et recueillir des points de vue différents et complémentaires.

Guillaume, qui est en troisième, est fasciné depuis de nombreuses années par tout ce qui a trait à la mer. Lors d'un salon, il a pu rencontrer des étudiants en océanographie qui lui ont fait visiter l'Ifremer, un institut de recherche. N'hésitez donc pas à vous rendre à ces salons, à assister aux conférences, mais aussi à vous promener dans les allées à l'affût de la moindre documentation. D'autres manifestations, comme le Salon du livre, de l'agriculture ou de la navigation, peuvent aussi vous donner des idées et vous permettre de rencontrer des gens intéressants.

UN MÉTIER POUR S'ÉPANOUIR ?

Certains adultes, déçus par leur travail, vous diront que l'essentiel est d'avoir un gagne-pain pour ensuite « s'éclater » pendant les vacances et les week-ends. C'est le cas de Mathias, prof de maths, qui s'échappe dès qu'il le peut pour piloter un petit avion. D'autres ne supportent pas de s'ennuyer huit heures par jour et veulent un métier où ils puissent s'épanouir : « Je ne connais rien de pire que d'arriver le matin à son travail avec une seule idée en tête, repartir le plus vite possible ! » lance Emmanuelle, journaliste. Elle a souffert pendant deux ans dans un service télématique, avant de revenir au reportage : « J'avais choisi ce métier pour sa variété et pour l'investigation, pour rencontrer des gens et des situations nouvelles. En télématique, je me contentais de résumer des informations à partir de dépêches d'agence ou de communiqués de presse, et de recopier des résultats sportifs et des horaires de cinéma. C'était sans doute utile, mais beaucoup trop sédentaire pour moi ; j'étouffais ! »

MÉTIERS ET PASSION

L'intérêt du travail est à prendre en compte dans le choix d'un métier. Si on ne veut pas gâcher de longues années de sa vie, il vaut mieux faire coïncider la réalité de la profession avec ses propres goûts. Certains ont trouvé leur vocation en s'adonnant à leur passion. Paul, qui aimait la montagne, est devenu moniteur de ski. Lorsqu'elle était en sixième, Annie dévorait des livres la nuit, en cachette de ses parents. Depuis, elle a fait des études de lettres, un mémoire de maîtrise sur la lecture chez les adolescents. Aujourd'hui, elle est responsable du rayon jeunesse d'une grande librairie. Maud a également su concilier son amour de la musique et un emploi dans le marketing : elle est organisatrice de concerts.

Quant à David, il doit son ascension fulgurante à sa passion pour… la philatélie. « Je collectionnais les timbres depuis l'âge de huit ans, raconte-t-il. On m'a orienté vers des études de gestion. Ça ne m'intéressait pas beaucoup, mais j'espérais économiser pour ouvrir une boutique de timbres. Après un contrat d'un an dans un hypermarché, je n'ai pas été embauché. Heureusement, car j'en avais par-dessus la tête. Je me suis dit : peu importe l'argent, je veux un travail qui m'intéresse. » Il a répondu à une petite annonce parue dans un journal spécialisé et été embauché à l'essai en Allemagne par un éditeur de matériel de philatélie. Il ne parlait pas un traître mot d'allemand, mais connaissait parfaitement tout ce qui se rapportait aux timbres : il a été embauché comme adjoint du directeur!

PENSER AUX DÉBOUCHÉS

Les statistiques montrent que plus on possède de diplômes, mieux on est armé pour affronter la vie, saisir les opportunités, trouver un emploi et se reconvertir. Donc faire des études longues, c'est bien, mais encore faut-il penser aux débouchés qu'elles offrent ! Yannick, étudiant en psychologie, se passionne pour la psychologie clinique, mais il ne s'est jamais préoccupé des débouchés et vient seulement de découvrir, au cours de sa deuxième année d'études à l'université, qu'en psychoclinique on travaille généralement à l'hôpital ! Stéphanie aime l'anglais : elle est en licence et se lamente parce que « la seule possibilité, c'est d'être professeur » ! Ce n'est pas vrai : elle pourrait s'orienter vers le tourisme, la traduction, l'interprétariat, le commerce international. Mais ne s'étant pas renseignée, elle se trouve démunie.

FAIRE UN BILAN

Ceux qui choisissent des études plus courtes et plus ciblées devront se renseigner bien plus tôt, car celui ou celle qui prépare un brevet d'études professionnelles (BEP) se retrouvera deux ou trois ans plus tard dans la vie active. C'est plus rassurant, mais il importe de ne pas se tromper, car tout serait à refaire. Cela implique tout d'abord de faire le bilan de vos goûts et de vos aptitudes. Ensuite, d'avoir à l'esprit un éventail de métiers qui vous plairaient et de savoir quelles sont les études qui y préparent. Enfin, cela nécessite de savoir quel est le niveau exigé pour ces formations et donc de faire le point sur votre scolarité, sur vos forces et vos faiblesses, sur les matières à travailler davantage pour y arriver. Il n'est pas interdit de penser à la manière dont on va évoluer, car ce qui vous plaît aujourd'hui ne vous attirera pas nécessairement demain, lorsque vous aurez grandi, mûri et découvert d'autres centres d'intérêt. Pour tout cela, vous trouverez au collège des personnes susceptibles de vous aider, ainsi que la documentation adéquate.

LES OUTILS

UN DIAGNOSTIC...

TOUT PEUT ÉVOLUER

L'ANGOISSE DES PARENTS

DE L'ORIENTATION

CHERCHER L'INFO

... ET UN PRONOSTIC !

VOTRE MARGE DE MANŒUVRE

CHERCHER L'INFO

Prendre des décisions pour votre avenir peut vous sembler difficile. Heureusement, vous ne serez pas tout seul pour le faire. Plusieurs personnes qualifiées sont là pour vous aider : le professeur principal, le conseiller d'orientation, les autres professeurs et vos parents. Mais attention : leurs avis ne seront pas toujours concordants. C'est pourquoi vous devez d'abord compter sur vous-même et ne pas vous laisser imposer n'importe quelle perspective sans réagir.

Pour s'orienter, il faut d'abord s'informer : sur les métiers, les études, les niveaux requis. Mais toutes ces informations, il faut les rapporter à vos goûts, à vos envies, à votre personnalité qui est en train de se construire et à vos résultats scolaires. C'est pourquoi les conseillers d'orientation disent souvent qu'il ne sert à rien de vouloir bombarder les élèves d'informations s'ils ne sont pas prêts à les recevoir. D'ailleurs, ce sont bien souvent vos parents qui étudient les brochures de l'Onisep (l'Office national d'information sur les études et les professions)..., pas vous. Voyons comment chaque interlocuteur peut vous aider, ce qu'il peut vous apporter et comment vous pouvez réagir à ses conseils.

UN DIAGNOSTIC...

Le prof principal doit vous aider à vous orienter dans le collège (à choisir vos options en quatrième, par exemple), mais surtout après le collège. Il a donc un rôle très important en troisième. Mais s'il connaît bien les matières enseignées au collège et au lycée, il connaît généralement moins bien les disciplines technologiques. Heureusement, il dispose de nombreuses brochures (et éventuellement d'une formation) pour s'informer sur ces orientations. Il doit aussi connaître le système éducatif dans son ensemble, tout particulièrement les diplômes et les filières de l'enseignement supérieur après le baccalauréat. Il ne doit pas ignorer les « classes-passerelles », celles qui permettent de poursuivre des études après le lycée professionnel. Il doit enfin être capable de vous renseigner sur les métiers, mais c'est, en général, le domaine qu'il connaît le moins bien, car pour maîtriser la question il faudrait y consacrer beaucoup de temps.

Il compte souvent sur le conseiller d'orientation pour fournir les informations aux élèves.

... ET UN PRONOSTIC

Pour vous aider à vous orienter, le prof principal partira de vos résultats scolaires : il fera un « diagnostic ». Il tentera ensuite d'en déduire le type d'études que vous pouvez entreprendre et suivre avec le maximum de chances de succès. C'est ce qu'on appelle un « pronostic ». Il vous demandera également si vous avez déjà un projet d'orientation, une idée de métier, et étudiera la question sous l'angle des études : « Vous avez envie d'être vétérinaire, donc il faudra vous orienter vers un bac scientifique, et pour cela je vous conseille de choisir telle option en seconde. »

Mais le prof n'est pas infaillible et ne peut pas voir votre avenir dans une boule de cristal. D'une part, ce n'est pas parce que vous êtes bon en maths en troisième que vous le serez encore en terminale ; et ce n'est pas parce que vos résultats sont insuffisants en français aujourd'hui qu'ils le resteront l'an prochain. D'autre part, la qualité de votre relation avec ce professeur joue beaucoup dans son appréciation. Si vous avez de bonnes relations, il fera sans doute le maximum pour bien vous conseiller. Si, en revanche, vous ne vous entendez pas très bien avec lui parce que vous n'aimez pas la matière qu'il enseigne, il sera probablement moins attentif. Nathalie raconte à ce propos une histoire navrante : « J'avais envie d'aider les autres. Je désirais m'orienter vers un métier humanitaire, et je voulais en discuter avec mon prof principal. Mais lui ne pensait qu'aux maths, sa matière. Il me reprochait de ne pas faire de progrès alors qu'à son avis j'aurais pu être meilleure. C'était un dialogue de sourds. » Si vous n'arrivez pas à vous entendre avec votre professeur principal, vous pouvez frapper à une autre porte, celle du conseiller d'orientation, par exemple.

CONSEILLER D'ORIENTATION DÉBORDÉ ?

Le conseiller d'orientation tient des permanences dans le collège. Prenez un rendez-vous le plus tôt possible dans l'année, car s'il est relativement disponible au premier trimestre, il le sera de moins en moins à l'approche des deuxième et troisième conseils de classe : un conseiller d'orientation est responsable en moyenne de 1400 élèves ! Il est toujours débordé, c'est pourquoi beaucoup se contentent de distribuer des brochures, réservant les entretiens aux élèves qui ont de grosses difficultés ou une demande vraiment très précise. Pourtant, le conseiller d'orientation est aussi psychologue : il aide l'élève à définir ses goûts, à prendre conscience de ses aptitudes, bref à faire le point. Certains proposent des tests psychologiques. D'autres utilisent les tests sur ordinateur pour un premier débroussaillage et discutent ensuite en tête à tête. D'autres enfin (c'est plus rare) prennent le temps de faire un bilan complet au cours d'un ou de plusieurs entretiens. C'est le cas lorsqu'il y a une décision particulièrement difficile à prendre.

AVOIR UN ITINÉRAIRE DE RECHANGE

Les conseillers recommandent aux élèves de venir les trouver après avoir réfléchi et s'être documentés. « Venez nous voir avec une demande précise, nous gagnerons du temps », disent-ils. Yohann, par exemple, a envie d'être pilote de ligne, mais il n'est pas très bon en maths. Or il sait que pour faire ce métier, il faut suivre des études scientifiques. Le conseiller l'aidera à déterminer si son désir est un projet sérieux ou s'il s'agit encore d'un rêve d'enfant. Sait-il ce que signifie être pilote? Est-il déjà monté dans un avion? Qu'est-ce qui l'attire dans ce métier? Connaît-il le niveau exigé en maths, le nombre d'années d'études, les chances d'admission au concours de l'École nationale d'aviation civile?

Le conseiller d'orientation lui fournira éventuellement ces renseignements. Si ce projet lui paraît sérieux, il essaiera de voir avec Yohann comment il pourrait améliorer ses résultats en maths ou accéder à ce métier par d'autres voies, en s'engageant dans l'armée, par exemple, ou en allant faire ses études à l'étranger. Enfin, le conseiller discutera avec Yohann pour envisager d'autres professions qui lui plairaient, au cas où il ne pourrait réaliser son projet. C'est ce que l'on appelle prévoir un itinéraire de rechange.

TOUT PEUT ÉVOLUER

En matière d'orientation, tout peut évoluer : le marché de l'emploi, les conditions d'exercice des professions, et surtout la personnalité de chacun. Hier vous traîniez votre paresse, aujourd'hui vous vous tuez au travail ! Vous bafouilliez de timidité... maintenant plus rien ne vous fait peur ! À quatorze ans, Sylvie adorait voyager et voulait être guide, mais elle était timide. Comment accompagner des groupes et leur faire partager sa passion pour les trésors de l'Italie antique si elle est paralysée au point de ne pas pouvoir ouvrir la bouche ? Dix ans plus tard, elle a réussi ses études de lettres classiques et d'histoire de l'art et a vaincu sa timidité : « Lorsqu'on est sûr de soi et qu'on a des connaissances à transmettre, on ne pense plus à avoir peur », explique-t-elle.

L'ANGOISSE DES PARENTS

Vos parents s'inquiètent au moins autant que vous pour votre avenir. Beaucoup sont obsédés par le chômage. Ils vous proposeront donc de considérer les métiers en termes de débouchés et de rechercher les secteurs d'avenir. Malheureusement, cette perspective est très difficile à cerner : un secteur en plein essor aujourd'hui aura peut-être cessé d'être porteur quand vous aurez terminé vos études. Vos parents vous conseilleront sans doute de poursuivre vos études le plus longtemps possible et vers les filières les plus prestigieuses. Dans cette optique, ils vous pousseront peut-être à faire un bac S, considéré (à tort ou à raison) comme le meilleur bac, celui qui ouvre toutes les portes. On ne peut pas les en blâmer, c'est leur rôle, mais depuis la réforme du lycée en 1995, il faut être vraiment bon dans les matières scientifiques pour obtenir un baccalauréat S.

VOTRE MARGE DE MANŒUVRE

Même si vous avez horreur de prendre des décisions, un bon conseil : ne laissez pas les autres le faire à votre place, seraient-ils animés des meilleures intentions du monde. Votre marge de manœuvre est plus importante que vous ne le croyez, à condition de ne pas attendre le dernier moment pour prendre les choses en mains. Commencez par chasser vous-même les informations : au début, vous ne saurez pas où donner de la tête, puis vous allez acquérir de l'expérience. Avec ces informations, vous comprendrez mieux comment les choses se passent et, surtout, vous serez plus à l'aise pour discuter avec les responsables de l'orientation ou avec vos parents. Pour s'informer, les lieux ne manquent pas...

LE CDI

Vous trouverez au CDI les brochures de l'Onisep et l'Autodoc (autodocumentation) du même organisme. L'Autodoc est un classeur à trois entrées : les goûts (pour les lettres, les sciences, la nature, etc.), les métiers, les études. Les renseignements sont très complets, on y trouve même les salaires. Malheureusement, c'est un peu abstrait. Même observation pour les brochures. Par exemple, si vous vous intéressez aux métiers de la communication, vous apprendrez en lisant l'opuscule « Littéraires, comment réussir? » que le chef de publicité « conçoit la campagne et négocie avec le client ». C'est un peu maigre pour imaginer son travail au quotidien. En revanche, vous lirez que ce poste est accessible après une formation commerciale supérieure (sans précisions), mais qu'il est rarement ouvert aux débutants (de quoi vous remonter le moral!).

Heureusement, en se reportant à la dernière partie de la brochure, on trouve une liste d'écoles et de formations universitaires. L'idéal est de compléter ce qu'on trouve dans les brochures de l'Onisep par des livres sur les métiers, des revues spécialisées, et, lorsqu'on est vraiment intéressé, par des visites et des interviews sur le terrain. On peut solliciter le documentaliste ou le professeur principal pour trouver une documentation complémentaire... Notez que l'Onisep édite elle aussi des fascicules sur les métiers, par centres d'intérêt : métiers de la nature, métiers du sport, etc.

ET LES AUTRES...

Le Centre d'information et d'orientation (CIO) du secteur : il est généralement proche de votre collège ou de votre domicile. Vous pourrez y consulter de la documentation et des logiciels d'orientation. Il s'agit de questionnaires concernant votre caractère, vos centres d'intérêt, vos ambitions, votre manière de réagir face à diverses situations. À la fin, vous recevrez un bilan imprimé. Les logiciels « Choix » et « Platon » vous aideront à découvrir les métiers. Malheureusement, tous les CIO ne sont pas équipés de logiciels.

– Le CIDJ (Centre d'information et de documentation pour la jeunesse), à Paris (101, quai Branly), et ses antennes régionales, les CRIJ (dans les grandes villes de province) : ces organismes proposent des fiches très bien élaborées sur les métiers et les formations. Des « cartes-métiers » décrivent concrètement la journée type d'un salarié. C'est particulièrement utile pour ceux qui envisagent une formation professionnelle. On peut aussi rencontrer au CIDJ

et dans les CRIJ des conseillers d'orientation sans rendez-vous.

– La Cité des métiers de La Villette offre aux jeunes Parisiens un espace de documentation et la possibilité de rencontrer sans rendez-vous des conseillers d'orientation.

– À la bibliothèque municipale, vous pourrez trouver des livres sur les métiers, des guides d'orientation, des magazines où l'on parle de différentes professions. Vous pourrez aussi y lire la presse locale qui annonce les manifestations et salons susceptibles de vous intéresser.

Trois séries générales

• **Le bac L** (Littéraire) mène à toutes sortes d'études. Les lettres, c'est vaste : littérature, langues vivantes et anciennes, philosophie, sociologie, psychologie. On peut aussi faire des études d'art, de droit, de communication, de sciences sociales et paramédicales. Si vous avez déjà une idée du secteur qui vous intéresse, vous pouvez vous y préparer dès la seconde, en sélectionnant les options correspondantes : par exemple, langues vivantes si vous songez au tourisme ou à l'interprétariat. Pour cette série L, choisissez en seconde de préférence les options deuxième et troisième langues vivantes, langues anciennes (latin, grec), arts (cinéma-audiovisuel, ou théâtre-expression dramatique, ou arts plastiques, ou musique).

• **Le bac ES** (Économique et social) offre les mêmes possibilités que le bac L avec, en plus, les carrières de la gestion, du commerce et de l'économie. Pour cette série, choisissez comme options en seconde : sciences économiques et sociales, et deuxième et troisième langues vivantes, ou langue ancienne.

• **Le bac S** (Scientifique) ouvre toutes les portes, à commencer par celles des études scientifiques et médicales. Paradoxalement, aucune option spécifique n'est exigée pour accéder à cette série. Si vous souhaitez une option scientifique, vous pouvez choisir Technologie des systèmes automatisés (TSA) ou Informatique et électronique en sciences physiques (IESP) et une deuxième langue vivante ou une langue ancienne. L'option TSA mène aussi au baccalauréat technologique STI (Sciences et technologies industrielles). Mais si vous hésitez entre S et ES, préférez l'option Sciences économiques et sociales pour pouvoir changer de filière en fin d'année.

Les séries technologiques

● **Deux séries industrielles :** Sciences et technologies industrielles (STI) et Sciences et technologies de laboratoire (STL). Avec ces bacs, on peut devenir technicien ou ingénieur dans l'industrie et les laboratoires. Pour ces séries, choisissez en seconde les options Technologie des systèmes automatisés (TSA) et Productique (ou Informatique et électronique en sciences physiques) pour STI. Pour STL : Techniques des sciences physiques et Sciences et techniques biologiques et paramédicales, ou Informatique et électronique en sciences physiques.

● **La série Sciences médico-sociales** (SMS) mène à des professions paramédicales (infirmier, conseiller en économie familiale) ou de secrétariat médical. Choisissez en seconde les options Sciences et techniques biologiques et paramédicales et Sciences médico-sociales.

● **La série Sciences et technologies tertiaires** (STT) conduit aux métiers de la gestion, du commerce, de la comptabilité, du secrétariat et du droit. Pour cette série, choisissez les options langues vivantes et sciences et technologies tertiaires, ou sciences économiques et sociales si vous hésitez entre STT et ES.

● **Le bac Arts appliqués** conduit aux métiers des arts graphiques, de la décoration, du design et de la création industrielle.

● **Les bacs techniques de la Musique et de la Danse** mènent aux métiers du spectacle, de l'animation et au professorat.

● **Le bac Hôtellerie** conduit aux métiers de la cuisine, de la gestion hôtelière et du tourisme.

Revues

- *Après la troisième* : brochure de l'Onisep répertoriant les possibilités d'études après le collège.
- *Phosphore* : mensuel, le journal des années lycée. Dossiers d'actualité, informations pratiques sur les études et les métiers, fiches pédagogiques.
- *Le Guide des études* : coédition Phosphore-La Croix. Réactualisé chaque année. La scolarité, de la sixième à l'université.
- *Avenirs* : mensuel de l'Onisep. Vécu des professions, modes d'exercice et formations pour y accéder.

Ouvrages spécialisés

- *Guide pratique de l'orientation*, Bobasch (Michaëla), Marabout-Le Monde Éditions. Comment s'informer, les mécanismes de l'orientation, comment choisir son établissement, ses options, sa série de baccalauréat. L'enseignement professionnel et l'apprentissage. Solutions pour les élèves en difficulté.
- *Apprendre à s'orienter, 600 métiers à explorer.* Ouvrage réalisé par une équipe de conseillers d'orientation de l'association lyonnaise « Trouver Créer », qui a adapté en France l'« éducation des choix » pratiquée au Québec. À commander par correspondance à « Trouver Créer », 14, rue Antoine-Dumont, 69008 Lyon.
- *Cap sur l'emploi*, Fleurus-Critérion. Une quinzaine de secteurs passés à la loupe : agroalimentaire, transport, bâtiment, métiers d'art, environnement, paramédical, banque-assurance-finance. Portraits et interviews. Où se renseigner, pistes pour se former.

• *700 métiers, mieux s'informer pour mieux trouver*, Renaud (Yves), Stock, collection « Laurence Pernoud ». Sept cents métiers regroupés en fonction des centres d'intérêt des jeunes : se dépenser physiquement, avoir des contacts, aider les autres, soigner… En tête de chaque chapitre, un bilan des qualités nécessaires à chaque activité. Un classique régulièrement mis à jour.

• Collection « *Les Guides du Monde de l'éducation* », pour tout savoir sur un secteur : les possibilités d'emploi, les perspectives, le descriptif des métiers, les formations. Déjà parus : les métiers de l'environnement, de la communication, du droit, du spectacle, du transport, de l'enseignement, du secteur social, de la vente, de la sécurité.

• *Guides malins*, Bonnichon (Gilles) et Martina (Daniel), Magnard. « Es-tu branché? Beau joueur? Chef de bande? Comment faire pour profiter vraiment d'un cours? Tirer le meilleur parti de son manuel? Réussir un exposé? S'orienter? » Les Guides malins proposent des réponses à toutes ces questions et à bien d'autres. Ils vous accompagneront de la sixième à la troisième. Chaque guide comporte trois parties : « Connais-toi toi-même », « Savoir vivre, savoir apprendre » et « Des méthodes pour réussir ». Le tout sous forme de tests, jeux, bandes dessinées…

Je remercie pour leurs conseils judicieux :

• Mireille Sanchez
professeur de lettres et professeur principal
au collège Gaston Doumergue de Sommières (Gard)
•Amélie Menetrier
élève de 3ème au collège de Sommières

Conception graphique et réalisation : Rampazzo & Associés.
ISBN : 2-7324-2212-6
Dépôt légal : octobre 2000
Imprimé en Espagne par GRAFO, S.A.